AF365504

Introducción al lenguaje R
Funciones, gráficas y estadísticas descriptivas

Elmis Jonatan García Zare
Noelia Patricia Rodriguez Paredes

CADUCEUS

INTRODUCCIÓN AL LENGUAJE R
Funciones, gráficas y estadísticas descriptivas
© Elmis Jonatan García Zare
© Noelia Patricia Rodriguez Paredes

Editado por: Corporación Ígneo, S.A.C.
para su sello editorial Caduceus
Av. Arequipa 185 1380, Urb. Santa Beatriz. Lima, Perú
Primera edición, septiembre, 2022

ISBN: 978-612-49051-0-0
Impresión bajo demanda

Hecho el Depósito Legal en la Biblioteca Nacional del Perú N° 2022-09207
Se terminó de imprimir en septiembre de 2022 en:
ALEPH IMPRESIONES SRL
Jr. Risso Nro. 580 Lince, Lima

www.grupoigneo.com
Correo electrónico: contacto@grupoigneo.com
Facebook: Grupo Ígneo | Twitter: @editorialigneo | Instagram: @grupoigneo

Diseño de portada: Susana Santos
Diagramación: Dianora Gómez Nessi

Índice

Palabras introductorias

R es un lenguaje de programación creado para la investigación científica, orientado al manejo de métodos estadísticos. Por tanto, actualmente es utilizado por investigadores, docentes y estudiantes universitarios de cualquier rama profesional. Su uso ha tomado gran importancia al punto que grupos de investigadores estadísticos o multidisciplinarios han dado numerosos aportes creando diversas librerías (*packages*) para dar a conocer los nuevos avances en la teoría estadística y la estadística aplicada. El presente libro pretende enseñar al lector los conceptos y procedimientos básicos para el manejo de este lenguaje de programación, a fin de que pueda manejarlo con fluidez y pueda adaptarse, posteriormente, al manejo de otros procedimientos estadísticos mas avanzados en el entorno del lenguaje R.

Los dos primeros capítulos del libro, Introducción y Gráficos, están orientados al manejo del código base, parte desde la creación y manipulación de objetos hasta la simulación de datos y creación de gráficos estadísticos básicos. El tercer capítulo, Librería ggplot2, está orientado a una introducción al manejo del paquete de visualización de gráficos de código abierto ampliamente aceptado por la comunidad científica. En el cuarto capítulo se presentan códigos que permiten el manejo y ploteo de mapas desde un enfoque estadístico a través de archivos *shapefile*. Por último, el capítulo 5 presenta un resumen de las principales estadísticas descriptivas que son útiles en toda investigación exploratoria.

Esperamos que el libro permita un aprendizaje que trascienda hacia el mundo del manejo del lenguaje R en sus diversos aspectos de programación, así como de su aplicación con diversos métodos estadísticos y creación de diversas librerías por parte de la comunidad académica.

1

Introducción

La gran variedad (y actualización constante) de métodos estadísticos se ha valido de los lenguajes de programación de acceso libre para hacerla accesible a toda la comunidad científica y profesional. Un listado reciente de estos lenguajes son R, Python, Julia, C++, etc. En este texto trataremos el manejo de lenguaje R en el entorno de desarrollo integrado (IDE).

R (software base)

Lenguaje de programación muy usado en estudios científicos con grandes cantidades de datos, reconocido en la rama de la inteligencia artificial, investigaciones biomética, minería de datos, bioinformática y las finanzas. Además, brinda la posibilidad de cargar diferentes paquetes con múltiples funcionalidades de cálculo y graficación. Para poder descargar el software puede acceder al sitio web oficial: https://www.r-project.org/, y en la sección Download hacer clic en **CRAN** (Comprehensive R Archive Network), donde está la opción de elegir un repositorio de descarga según su zona de preferencia. Cualquiera de estos repositorios le direccionará a enlaces de descarga del programa según su sistema operativo (macOS, Windows, Linux). Si accede a la descarga para Windows le llevara al enlace **«Install R for the first time»** y finalmente se muestra el enlace **«Download R-4.2.1 for Windows»,** cuya versión dependerá del momento de descarga.

RStudio

RStudio es un entorno integrado que desarrolla el lenguaje de programación R (IDE), orientado a la estadística computacional y *dashboard*. Incluye una consola, editor de sintaxis que apoya la ejecución de los códigos, así como herramientas para el trazado, depuración y gestión del espacio de trabajo. Para poder descargar el software puede acceder al sitio web oficial: https://www.rstudio.com/, dar clic en el botón **«Download»** y descargar la versión gratuita de «RStudio Desktop».

1.1 Creación de objetos

Se mostrarán aspectos básicos para el conocimiento del lenguaje R, del cual existen una gran variedad de recursos *online* (videos, pdf, *bookdown*, etc.).

Un objeto básicamente es un elemento que almacena datos (información) y que permite interactuar y/o realizar operaciones matemáticas/estadísticas con él.

```r
a <- 3
b <- 5
a+b

## [1] 8

c <- a+b
sqrt(c)
## [1] 2.828427
```

1.1.1 Vectores

Estos objetos pueden tener una extensión más útil para ampliar y facilitar el trabajo. Podemos concatenar con `c()` varios datos:

```r
a <- c(1,2,3)
b <- c(4,5,6)
a+b

## [1] 5 7 9
```

Se pueden unir estos vectores para conformar uno nuevo:

```r
x <- c(a,b)
x

## [1] 1 2 3 4 5 6
```

Si sumamos, por ejemplo, los vectores a e y, evidentemente tendremos un mensaje de alerta que, como se puede ver, es por la diferencia de longitud de los vectores. R de todas formas realiza la operación, pero debemos tener cuidado con ello:

```r
a <- c(1,2,3)
y <- c(2,2,2,2)
# ejecute: a+y, le mostrará un mensaje de alerta
```

Para verificar la longitud de los vectores puede usar `length()`

```r
length(a)
## [1] 3
length(y)
## [1] 4
```

1.1.2 Secuencias

En R podemos generar vectores a partir de secuencias. Se puede usar `a:b` o `seq()` para mayores especificaciones:

```r
x <- 1:10
x <- c(1:10)
```

Probemos la función `seq()`

```r
x <- seq(from=1,to = 10,by = 2)
x
```

```
## [1] 1 3 5 7 9
```

La función `rep()` permite generar repeticiones de valores:

```r
x <- rep(x = 1, times=5)
x
```

```
## [1] 1 1 1 1 1
y <- rep(x = "A", times=5)
y
```

```
## [1] "A" "A" "A" "A" "A"
```

También podemos generar repeticiones de valores concatenados (vectores):

```r
x <- rep(c(1,2,3),3)
x
```

```
## [1] 1 2 3 1 2 3 1 2 3
y <- rep(c("a","b","c"),3)
y
```

```
## [1] "a" "b" "c" "a" "b" "c" "a" "b" "c"
```

Usando función `sample()`

```r
x <- sample(x = 1:30, size = 5, replace = F)
x
```

```
## [1] 11 16  8  7 20
```

Usando función `rnorm()` (números aleatorios con distribución normal)

```r
x <- rnorm(n = 5,mean = 12,sd = 5)
x
```

```
## [1] 10.85599 13.07680 13.17864 16.22562 12.45109
```

Ya que vemos que muestra números con muchos decimales, aprovechemos en usar la función `round()` para aprender a redondear nuestros resultados:

```r
x <- round(rnorm(n = 5,mean = 12,sd = 5), 2)
x
```

```
## [1] 13.81  7.58 23.35  8.34 13.72
```

Es posible crear matrices con la función `matrix()`:

```r
mx <- matrix(data = c(1,2,3,4,5,6),
      nrow = 2,
      ncol = 3,
      byrow = T)
mx
```

```
##      [,1] [,2] [,3]
## [1,]    1    2    3
## [2,]    4    5    6
```

Si probamos cambiar la opción by`row=F` veremos lo siguiente:

```r
mx <- matrix(data = c(1,2,3,4,5,6),
      nrow = 2,
      ncol = 3,
      byrow = F)
mx
```

```
##        [,1] [,2] [,3]
## [1,]    1    3    5
## [2,]    2    4    6
```

Se puede unir vectores y generar una matriz con la función
`cbind()` o `rbind()`:

```r
a <- c(1,2,3)
b <- c(4,5,6)
c <- c(7,8,9)
mc <- cbind(a,b,c)
mr <- rbind(a,b,c)
# Observemos ambos resultados:
mc
```

```
##      a b c
## [1,] 1 4 7
## [2,] 2 5 8
## [3,] 3 6 9
```

```r
mr
```

```
##   [,1] [,2] [,3]
## a    1    2    3
## b    4    5    6
## c    7    8    9
```

- **Partición de matrices:** Vamos a crear la siguiente matriz:

```
matX <- matrix(1:25,5,5)
matX

##      [,1] [,2] [,3] [,4] [,5]
## [1,]    1    6   11   16   21
## [2,]    2    7   12   17   22
## [3,]    3    8   13   18   23
## [4,]    4    9   14   19   24
## [5,]    5   10   15   20   25
```

Ocasionalmente necesitamos seleccionar una partición de la matriz. Para ello utilizamos los corchetes de la siguiente forma: `matriz[,]`, por ejemplo, si deseamos seleccionar el elemento de la fila 2, columna 3, codificamos `matriz[2,3]`; si queremos únicamente las dos primeras columnas codificamos `matriz[,1:2]`. En resumen, colocamos las filas a la izquierda y columnas a la derecha de la «,» (coma) en el interior de los corchetes:

```
matX[1,2]

## [1] 6

matX[1:2,1:2]

##      [,1] [,2]
## [1,]    1    6
## [2,]    2    7
matX[1:2,c(1,3,4)]
##      [,1] [,2] [,3]
## [1,]    1   11   16
## [2,]    2   12   17
```

```r
matX[,1:2]
```

```
##      [,1] [,2]
## [1,]    1    6
## [2,]    2    7
## [3,]    3    8
## [4,]    4    9
## [5,]    5   10
```

```r
matX[1:2,]
```

```
##      [,1] [,2] [,3] [,4] [,5]
## [1,]    1    6   11   16   21
## [2,]    2    7   12   17   22
```

Para ello creamos algunas matrices:

```r
ata <- matrix(data = c(1,2,3,4),
              nrow = 2,
              ncol = 2,
              byrow = T)

matB <- matrix(data = c(3,6,3,4),
               nrow = 2,
               ncol = 2,
               byrow = T)
```

Suma

```r
ata+matB
```

```
##      [,1] [,2]
## [1,]    4    8
## [2,]    6    8
```

Resta

```
ata-matB
```

```
##      [,1] [,2]
## [1,]   -2   -4
## [2,]    0    0
```

Producto

```
ata%*%matB
```

```
##      [,1] [,2]
## [1,]    9   14
## [2,]   21   34
```

Otras operaciones útiles

- Transpuesta de la matriz:

```
t(ata)
```

```
##      [,1] [,2]
## [1,]    1    3
## [2,]    2    4
```

- Determinante de la matriz:

```
det(ata)
```

```
## [1] -2
```

- Inversa de la matriz:

```
solve(ata)
```

```
##      [,1] [,2]
## [1,] -2.0  1.0
## [2,]  1.5 -0.5
```

- Diagonal de la matriz:

```
diag(ata)
```

```
## [1] 1 4
```

- Traza de la matriz:

```
sum(diag(ata))
```

```
## [1] 5
```

- Suma de las columnas de la matriz:

```
colSums(ata)
```

```
## [1] 4 6
```

- Suma de las filas de la matriz:

```
rowSums(ata)
```

```
## [1] 3 7
```

El objeto `data.frame()` es aquel que genera la típica tabla de datos que almacena todo tipo de datos (cuantitativos y cualitativos):

```r
x1 <- 1:5
x2 <- sample(20:100,10,replace = F)
x3 <- c(rep("Grupo A",5),rep("Grupo B",5))
x4 <- round(rnorm(n = 10,mean = 12,sd = 3),2)
datos <- data.frame(x1,x2,x3,x4)
datos
```

```
##    x1 x2      x3    x4
## 1   1 87 Grupo A 13.12
## 2   2 37 Grupo A 15.00
## 3   3 36 Grupo A 13.28
## 4   4 67 Grupo A 15.93
## 5   5 48 Grupo A 13.10
## 6   1 35 Grupo B 11.78
## 7   2 81 Grupo B 14.21
## 8   3 59 Grupo B 11.00
## 9   4 95 Grupo B 12.31
## 10  5 25 Grupo B  6.91
```

Es posible importar datos de diversos formatos (*.txt, *.csv, *.xlsx, *.sav, etc.) provenientes de los programas Bloc de notas, Microsoft Excel, SPSS, SAS, Stata, etc. Por ejemplo, para importar datos desde un bloc de notas que tiene ficheros *.txt usamos la función `read.table()`. El usuario debe considerar que este tipo de fichero es más ligero respecto a otros, y que, para fines introductorios, se abordará ejemplos para estos ficheros.

Primero:

Vamos a importar los datos «`contaminacion.txt`».
- Link de descarga: https://drive.google.com/file/d/156J8fp-8QQOUcSWj08yWs8ZmpGllQduYa/view?usp=sharing
- Descargar por ejemplo en `C:\Users\LENOVO\Documents`

Segundo:

Para ahorrar línea de código, usualmente se realiza un enrutamiento previo de la ubicación de su archivo, es decir, se debe indicar el directorio donde se encuentra el archivo «contaminacion.txt», para ello puede seguir la siguiente secuencia de menú en Rstudio: `Session\Set Working Directory\Choose Directory`, hecho esto, se abre una ventana donde se debe ubicar la carpeta `\Documents` (o cualquier otra carpeta donde haya guardado el archivo) que contiene el archivo «contaminacion.txt». Lo que se busca es seleccionar la carpeta, mas no los archivos (no se podrán ver en la ventana).

Hecho esto, usaremos la función `read.table()` agregando los argumentos `sep="\t"` y `header=TRUE`. El primero indica que las columnas están separadas por tabulaciones, y el segundo indica que la primera fila contiene el nombre de las columnas (variables).

```r
misdatos <- read.table("contaminacion.
txt",sep="\t",header=TRUE)
```

Si digita en la consola el objeto `misdatos` observará toda la información, si digita `View(misdatos)` observará los datos en una nueva pestaña. Una opción más práctica es usar `header()` que muestra por defecto las 6 primeras filas del `dataframe`.

```r
head(misdatos)

##     mp10 estacion
## 1 25.88 Trujillo
## 2 36.16 Trujillo
## 3 50.41 Trujillo
## 4 51.41 Trujillo
## 5 47.63 Trujillo
## 6 50.29 Trujillo
```

RStudio tiene la opción de importar a través del Menú File\Import Dataset\. Aquí encontrará opciones para: text, Excel, SPSS, SAS, Stata.

Retornando a los códigos, existen librerías especializadas para importar archivos: `library(foreign)`, `library(readxl)`, `library(openxlsx)`, `library(XLConnect)`, etc.

Probemos crear una nueva variable con `n=20` datos aleatorios con distribución normal con y , luego lo redondeamos con 2 dígitos:

```r
set.seed(1) #punto de arranque de números
aleatorios
mp25 <- round(rnorm(20,30,3),2)
```

Se puede agregar a la tabla **misdatos** y creamos otro objeto llamado **misdatos2**.

```r
misdatos2 <- data.frame(mp25,misdatos)
head(misdatos2)

##     mp25  mp10 estacion
## 1 28.12 25.88 Trujillo
## 2 30.55 36.16 Trujillo
## 3 27.49 50.41 Trujillo
## 4 34.79 51.41 Trujillo
## 5 30.99 47.63 Trujillo
## 6 27.54 50.29 Trujillo
```

2

Gráficos

En este capítulo se mostrará como realizar gráficos estadísticos haciendo uso de las funciones básicas de R, las variaciones que pueden hacerse con los parámetros de forma y color, el uso de librerías de paleta de colores. Por último, se usará la librería ggplot2 como alternativa importante de presentación de gráficos que ha ganado gran popularidad en la comunidad de usuarios R.

2.1 Funciones gráficas de alto nivel

Existe una clasificación de las funciones gráficas, entre ellas, las *funciones gráficas de alto nivel*. Estas son funciones que generan gráficos completos, por ejemplo, los gráficos de dispersión, histogramas, boxplot (caja y bigotes), etc.; en el interior de estas funciones se pueden agregar parámetros que permiten modificar o mejorar la presentación básica del gráfico.

2.1.1 plot()

La función `plot()` admite de forma básica dos primeros argumentos: x,y, que le corresponden a cada variable de un `dataframe` o vectores por separado. Sin embargo, la función `plot()` es muy versátil, dado que también se puede usar para mostrar otros gráficos especiales como mapas de archivos *shapefile*.

Vamos a crear dos variables aleatorias: varX, varY; y las graficamos con la función plot(). Le agregaremos el argumento main= para insertar un título.

```
varX <- rnorm(30,0,1)
varY <- rnorm(30,0,1)
plot(x=varX,y=varY, main="mi primer gráfico")
```

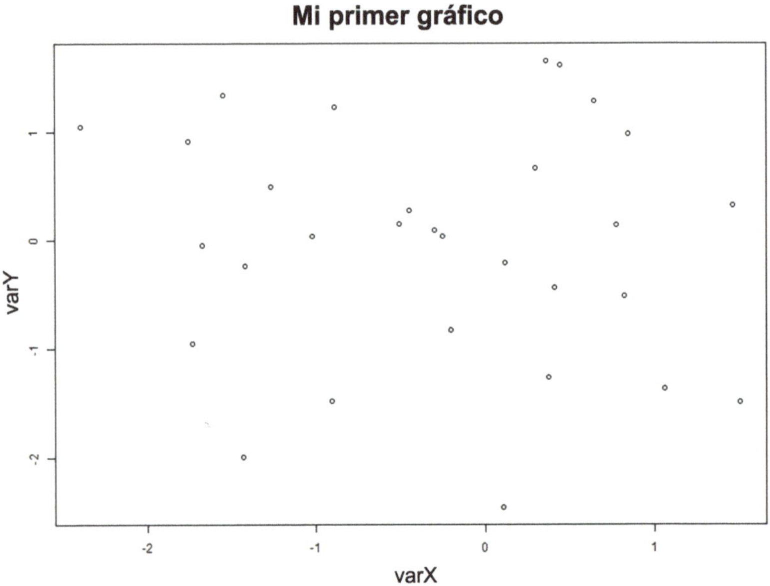

Si respetamos el orden en que agregamos los argumentos, no es necesario escribir los argumentos x=, y=. Pruebe el siguiente código:

```
plot(varX,varY, main="mi primer gráfico")
```

2.1.2 hist()

La función `hist()` permite mostrar gráficos de histograma, que, como se sabe, se realiza para variables cuantitativas continuas. El argumento básico que requiere es: x. Veamos el ejemplo:

```
varX <- rnorm(80,4,12)
hist(x=varX, main="mi primer histograma")
```

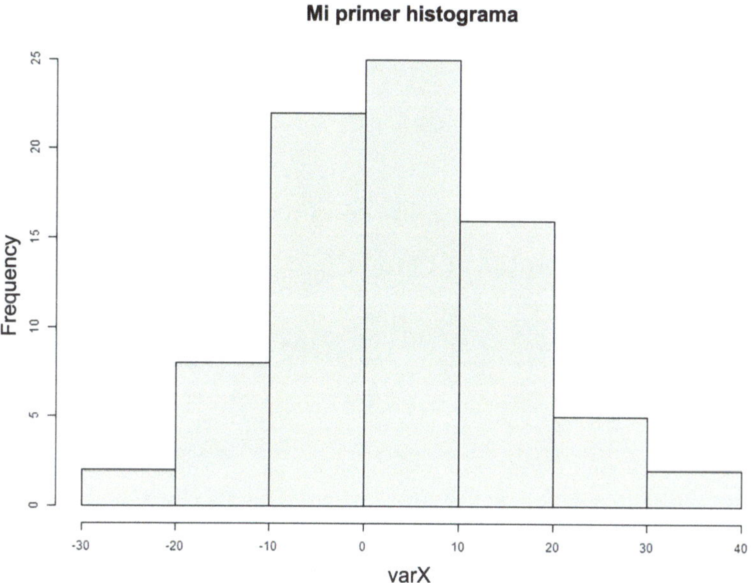

2.1.3 boxplot()

La función `boxplot()` permite mostrar gráficos de caja y bigotes, se realiza para variables cuantitativas continuas. El argumentó básico que requiere es: x. Veamos el ejemplo:

```
boxplot(varX, main="mi primer boxplot")
```

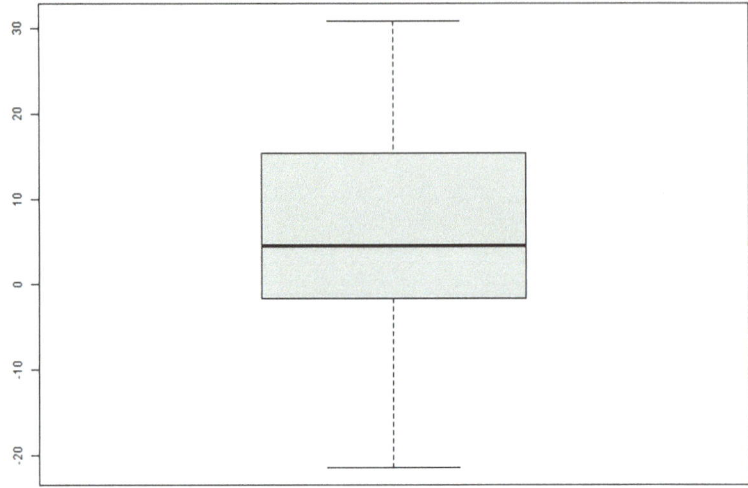

En este otro ejemplo unimos dos conjuntos de datos en un solo vector y se puede identificar datos atípicos:

```r
varX2 <- c(rnorm(80,4,12),rnorm(5,60,20))
boxplot(varX2, main="boxplot con datos
atípicos")
```

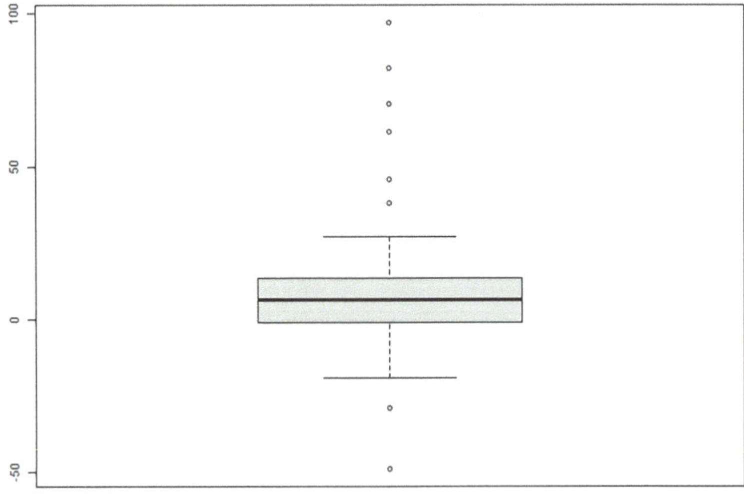

Si queremos hacer un *boxplot* comparativo, se puede agregar un segundo argumento y de la siguiente manera: `boxplot(x~y)`. El símbolo «~» se obtiene de la combinación de teclas ALT+126.

Para el siguiente ejemplo usaremos el data.frame "misdatos" de ejemplo de la sección.

Primero aplicamos la función `attach()` para manipular de forma independiente cada variable del data.frame `misdatos` y luego hacemos el gráfico:

```
attach(misdatos)
boxplot(mp10~estacion, main="mi segundo boxplot")
```

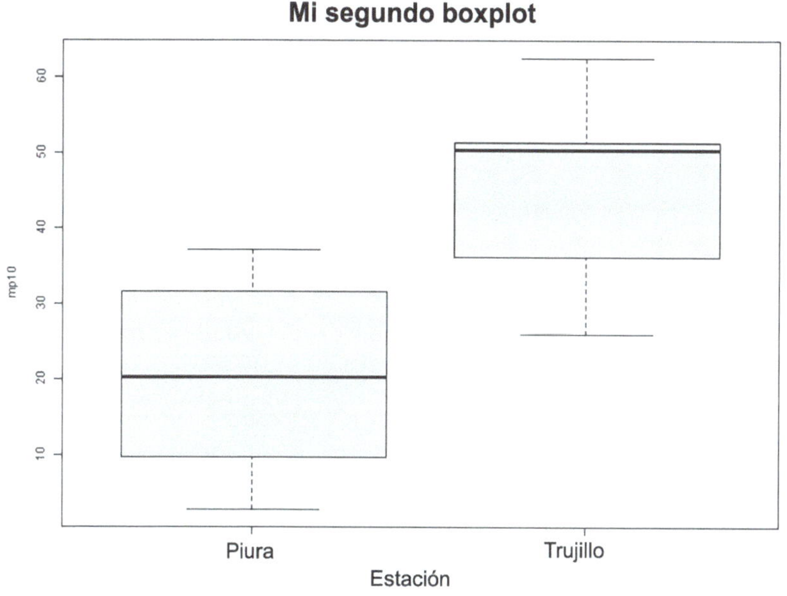

Como se puede apreciar la etiqueta de los ejes lleva por defecto los mismos nombres de las columnas, pero estos se pueden modificar con los argumentos: `xlab`, `ylab`; además, agregaremos color con el parámetro `col` (recuerde que cada parámetro va separado por comas).

```
boxplot(mp10~estacion, main="Niveles
contaminantes en zona norte",
  xlab="Ciudad de monitoreo",
  ylab="Material particulado 10um", col="yellow")
```

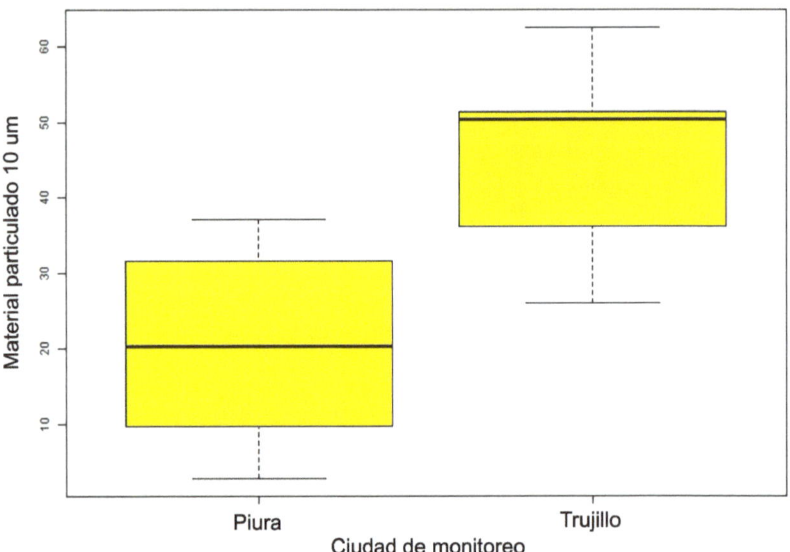

Es posible modificar el ancho de las cajas con el parámetro
boxwex, dando valores proporcionales entre «;» agregaremos
colores para cada caja y usaremos **horizontal=TRUE** para gi-
rar las cajas (tener en cuenta que debemos reubicar las etique-
tas de los ejes):

```
boxplot(mp10~estacion, main="Niveles
contaminantes en zona norte",
      xlab="Material particulado 10um",
      ylab="Ciudad de monitoreo",
col=c("red","green"),
      boxwex=0.5, horizontal = TRUE)
```

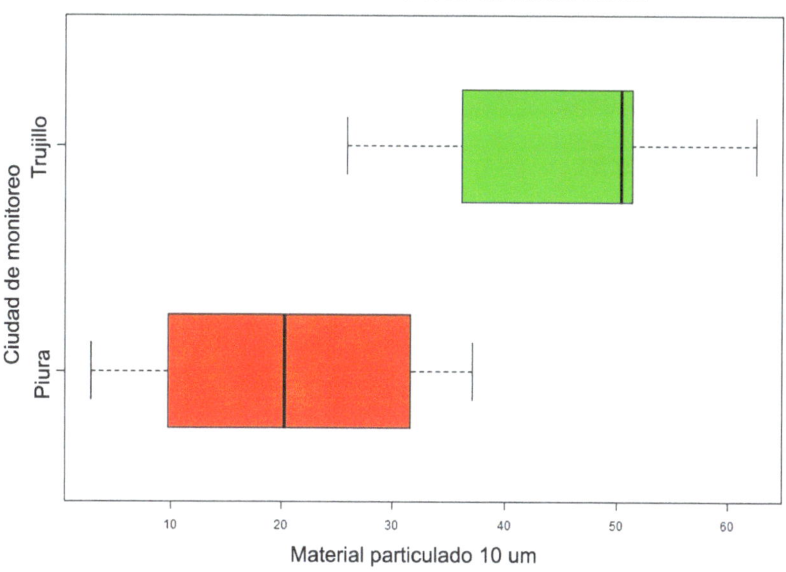

2.2 Funciones gráficas de bajo nivel

En este caso, son funciones que permiten complementar (adicionar) nuevos elementos gráficos a la presentación gráfica principal. Por ejemplo, en un gráfico de dispersión es de interés agregar una línea que represente la recta de regresión lineal estimada, o puede ser necesario agregar alguna texto o leyenda. A continuación, se mostrará algunas funciones más utilizadas.

2.2.1 points()

La función `points()` permite agregar puntos nuevos dentro de cualquier gráfico principal (plot, boxplor, hist, etc.).

En el siguiente ejemplo crearemos dos variables aleatorias x, y para luego realizar un gráfico de dispersión con puntos de color azul. Finalmente, agregaremos un punto adicional con la función `points`, observe que la ubicación del punto está determinada con las coordenadas (5,5) y es graficado de color rojo:

```r
x <- rnorm(12,5,1)
y <- rnorm(12,5,1)
plot(x,y, main="usando points() - 1 punto", pch=16,
col="blue")
# agregando puntos adicionales
points(x=5,y=5, pch=16, col="red", cex=2)
```

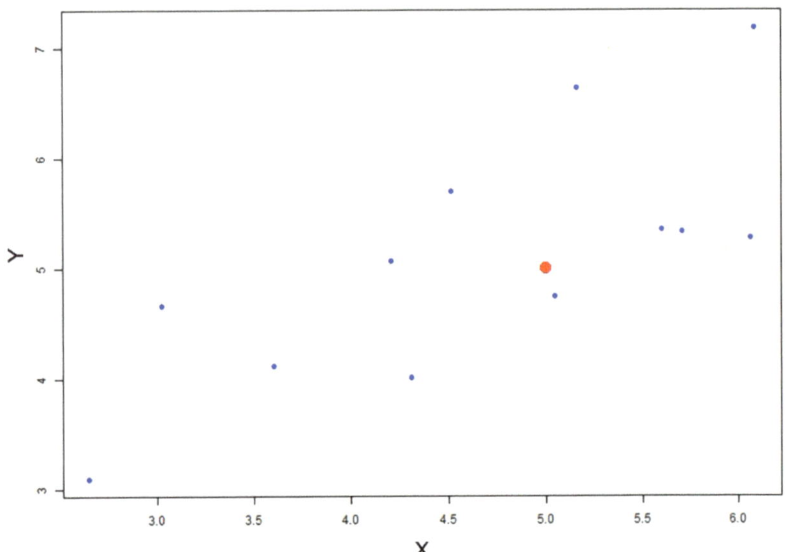

A este ejemplo podemos agregarle más de un punto de la siguiente manera:

```r
plot(x,y, main="usando points() - 3 puntos",
pch=16, col="blue")
xn <- c(4.5, 5, 5.5)
yn <- c(4.5, 5, 5.5)
points(xn,yn, pch=16, col="red", cex=2)
```

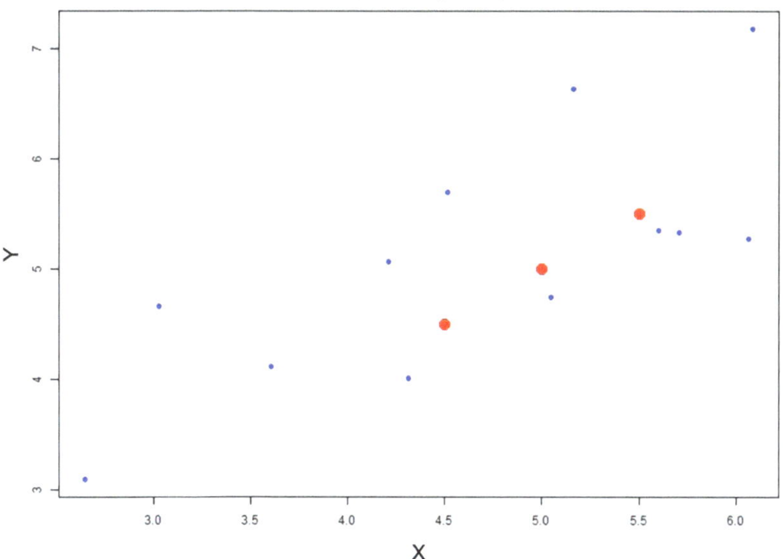

2.2.2 abline()

La función `abline()` permite agregar rectas relacionadas con funciones matemáticas, por ejemplo, agregar una recta lineal con determinado intercepto y pendiente. Para ejemplificar, realizaremos de forma simple una estimación de una ecuación de regresión y lo graficaremos en una dispersión.

```
plot(x,y, main="usando abline()", pch=16,
col="blue")
# estimamos la recta de regresión lineal
recta <- lm(y~x)
abline(recta, col="red")
```

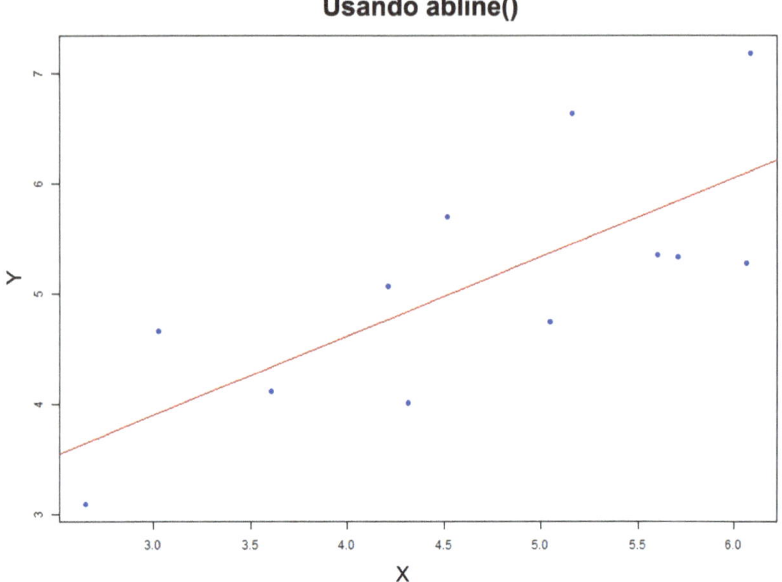

También es posible agregar rectas horizontales o verticales, las cuales pueden presentarse de manera continua o segmentada probando las opciones de tipo de línea con el argumento `lty`:

```r
plot(x,y, main="usando abline()", pch=16,
col="blue")
# estimamos la recta de regresión lineal
recta <- lm(y~x)
abline(recta, col="red")
abline(h=6,v=6, lty="longdash")
```

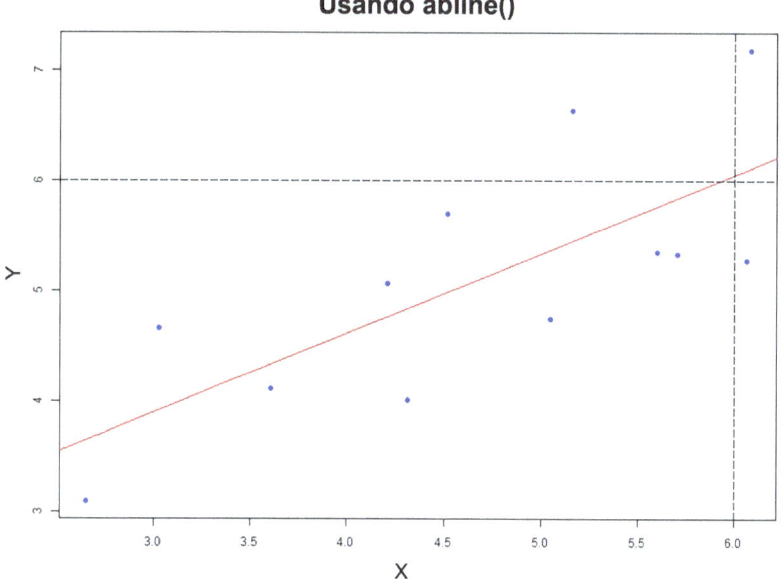

2.2.3 text() y mtext()

Ambas funciones permiten agregar texto a un gráfico principal, pero se diferencian en la forma en que asignamos su ubicación en la zona del gráfico.

La función `text()` requiere coordenadas para indicar la posición en la que agregaremos el texto en el gráfico, por ejemplo:

```r
plot(x,y, main="usando abline()", pch=16, 
col="blue")
# estimamos la recta de regresión lineal
recta <- lm(y~x)
abline(recta, col="red")
text(x=5, y=5.5, labels="recta de regresión", 
col="red")
```

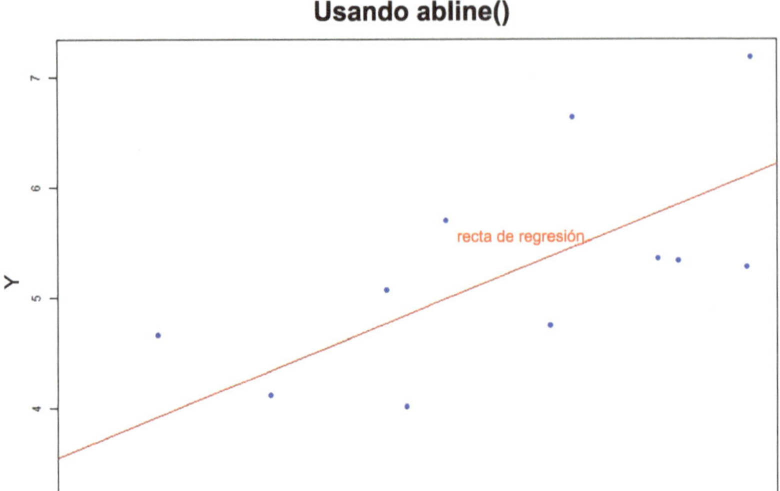

La función `mtext()` requiere indicaciones específicas de zonas donde se desea agregar el texto. Por ejemplo, debemos indicar la zona o `side(1=bottom, 2=left, 3=top, 4=right)` donde queremos agregar el texto.

```r
plot(x,y, main="usando abline()", pch=16,
col="blue")
# estimamos la recta de regresión lineal
recta <- lm(y~x)
abline(recta, col="red")
mtext(text = "texo abajo", side = 1, col="blue")
mtext(text = "texo izquierda", side = 2,
col="blue")
mtext(text = "texo arriba", side = 3,
col="blue")
mtext(text = "texo derecha", side = 4,
col="blue")
```

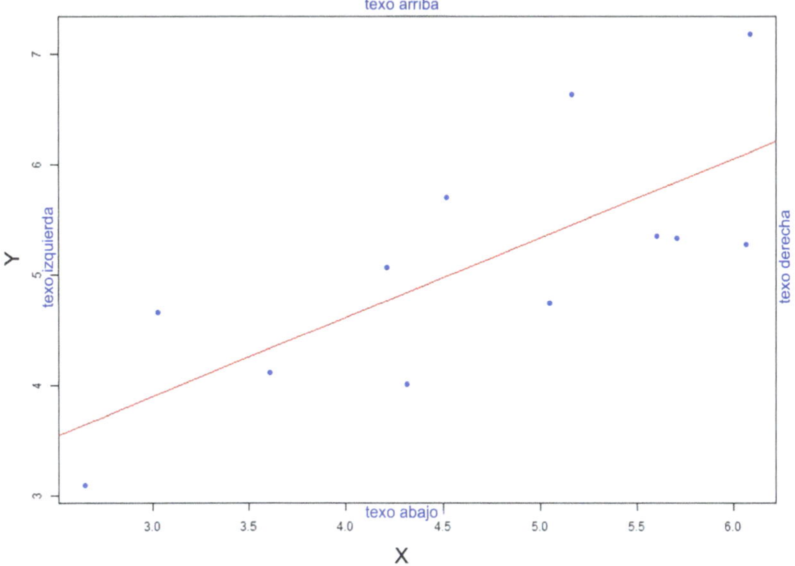

También es posible usar el argumento `line` que indica el margen de línea que se sitúa el texto en el `side` especificado, por ejemplo:

```
plot(x,y, main="usando abline()", pch=16, 
col="blue")
# estimamos la recta de regresión lineal
recta <- lm(y~x)
abline(recta, col="red")
mtext(text = "texo arriba", side = 3, line = -2, 
col="blue")
mtext(text = "texo arriba", side = 3, line = -1, 
col="blue")
mtext(text = "texo arriba", side = 3, line = 0, 
col="blue")
mtext(text = "texo arriba", side = 3, line = 1, 
col="blue")
```

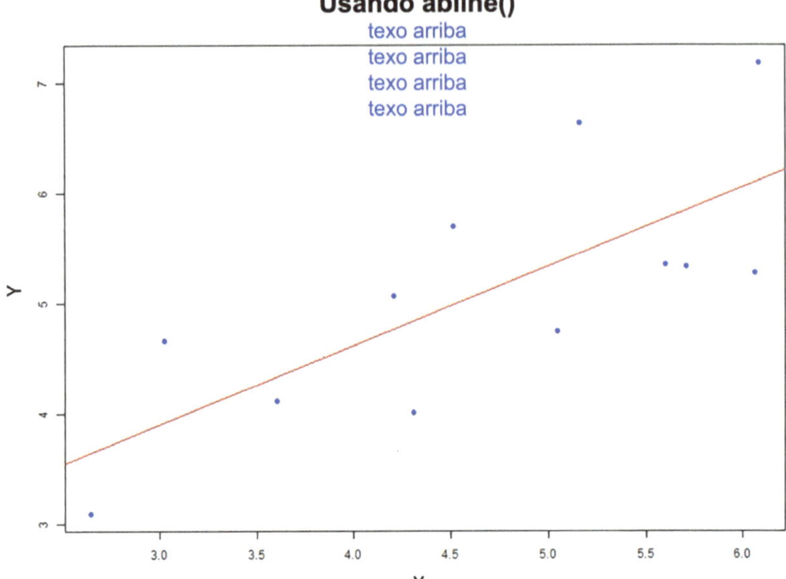

2.2.4 legend()

La función **legend()** permite agregar leyendas que muestran especificaciones de, por ejemplo, la representación de los colores en los gráficos. Veamos el siguiente ejemplo:

```r
boxplot(mp10~estacion, main="Niveles
contaminantes en zona norte",
        ylab="Material particulado 10um",
        col=c("green", "yellow"), xaxt="n")
legend("topleft", inset=.02, title="Zona de
monitoreo",
        c("Piura", "Trujillo"), fill=c("green",
"yellow"),
        horiz=TRUE, cex=0.8)
```

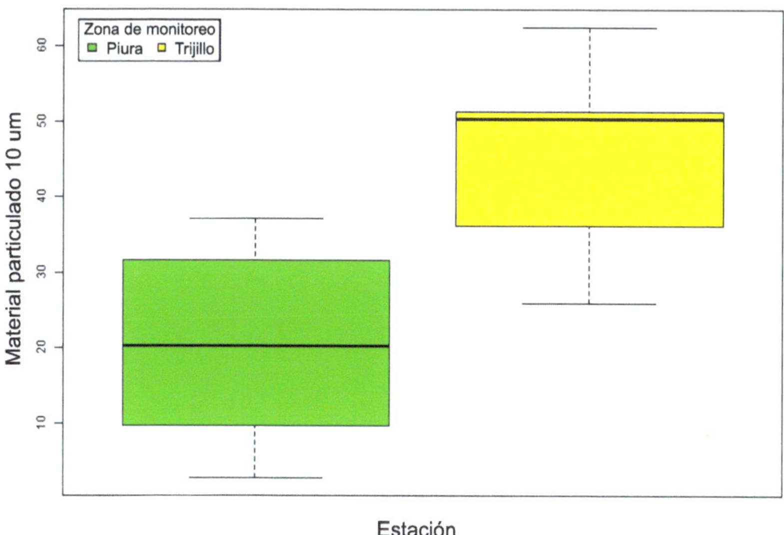

Ahora otro ejemplo para gráficos de líneas:

```r
# Generate some data
x<-1:10; y1=x*x; y2=2*y1
plot(x, y1, type="b", pch=19, col="red",
xlab="x", ylab="y")
# Add a Line
lines(x, y2, pch=18, col="blue", type="b",
lty=2)
# Add a Legend
legend(1, 95, legend=c("Line 1", "Line 2"),
       col=c("red", "blue"), lty=1:2, cex=0.8)
```

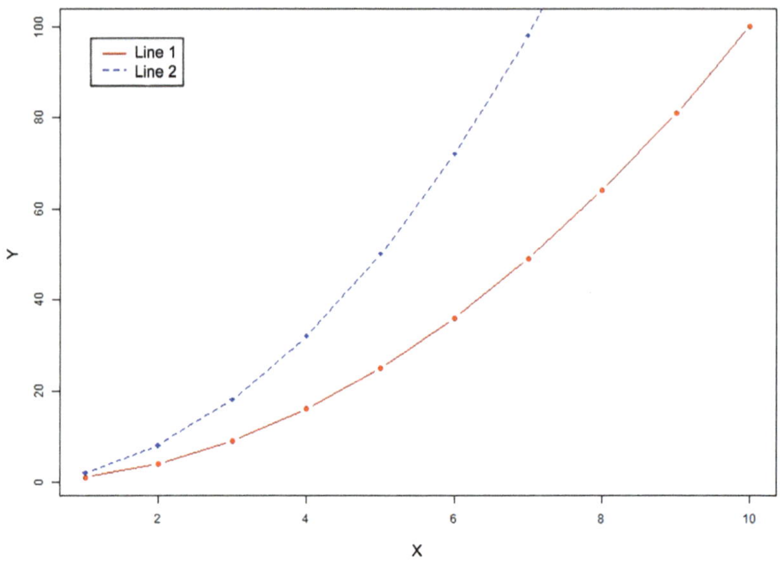

Line 1
Line 2
Y
X

3

Librería ggplot2

La librería ggplot2 es una de las más utilizadas para elaborar gráficos con una presentación mejorada y cuyo código facilita elaboración de características agregadas al gráfico principal.

El esquema básico para hacer gráficos con ggplot es por medio de capas, las dos capas mínimas necesarias son las siguientes: `ggplot()+geom_point()`

Al interior de `ggplot()` se necesita especificar el `dataframe` y los `aesthetics`, es decir, las características necesarias para realizar el gráfico: variables, coordenadas, colores, etc. La capa `geom_points()` es una de las diversas capas que se puede utilizar en ggplot. En particular `geom_points()` sirve para hacer gráficos de dispersión. Para el siguiente ejemplo se hará uso de `data(iris)`.

```r
library(ggplot2)
data(iris)
ggplot(data = iris, aes(x= Petal.Length,
y=Sepal.Width, color=Species)) +  geom_point()
```

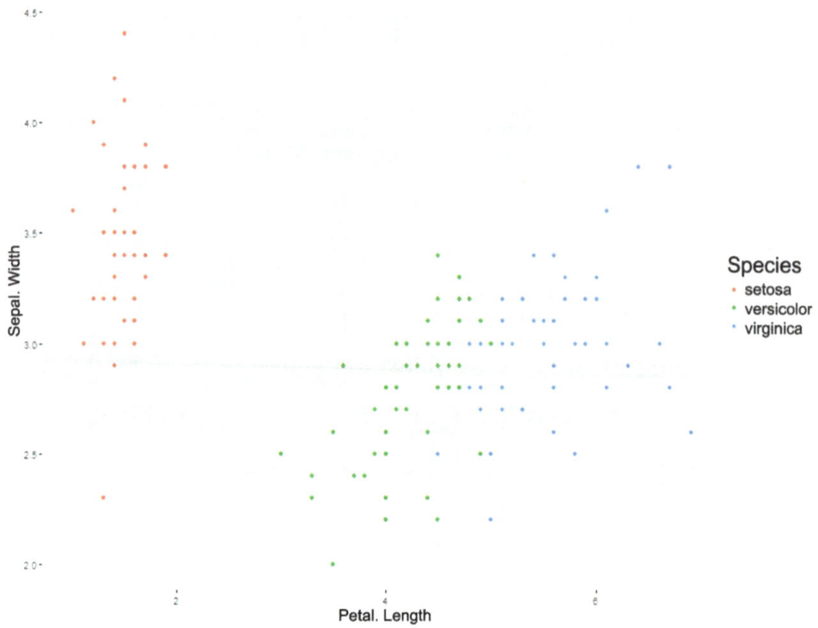

Se puede usar la capa `geom_histogram()` para generar un histograma. Además, agregamos `facet_wrap()` para separar los gráficos según categorías:

```r
# geometrics: geom_hist()
ggplot(data = iris, aes(x = Petal.Length,
fill=Species))+
  geom_histogram() +
  facet_wrap(~ Species, ncol=1)
## `stat_bin()` using `bins = 30`. Pick better
value with `binwidth`.
```

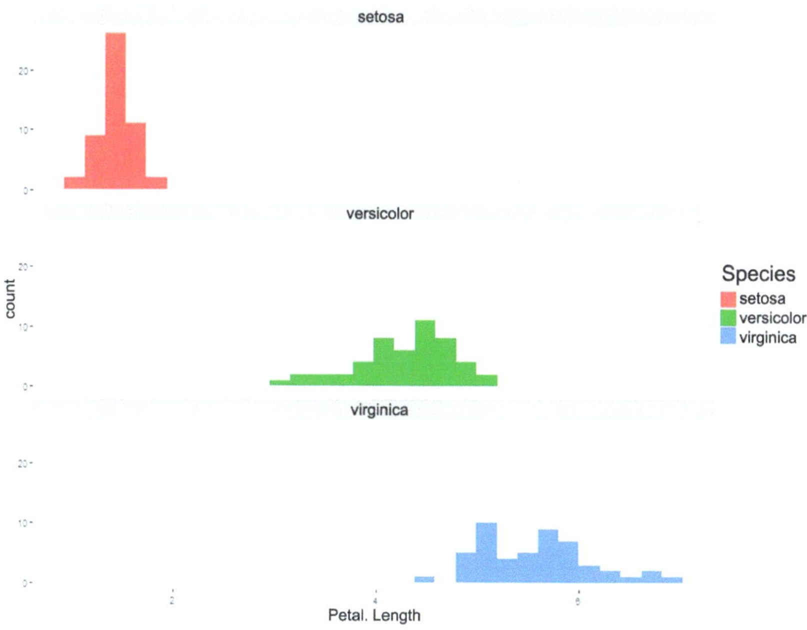

Para hacer gráficos de `boxplot()`, usamos `geom_boxplot()`:

```
ggplot(data = iris, aes(x=Species, y=Petal.
Length,fill=Species))+
  geom_boxplot() +
  ggtitle("Comparación de longitud por especie")
```

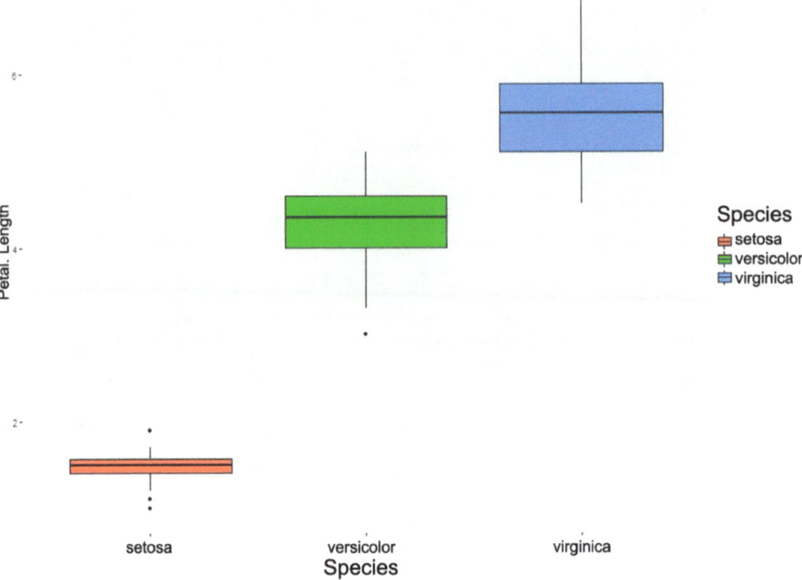

En todos los casos, observamos que ggplot agrega por defecto las leyendas por colores, esto cada vez que especificamos en `aes()` la categorización por colores.

Para hacer gráficos de líneas usaremos `geom_line()`:

```r
x <- 1:20
y <- x ^ 2 + runif(20, 0, 100)
df <- data.frame(x = x, y = y)
ggplot(df, aes(x = x, y = y)) +
  geom_line() +
  geom_point()
```

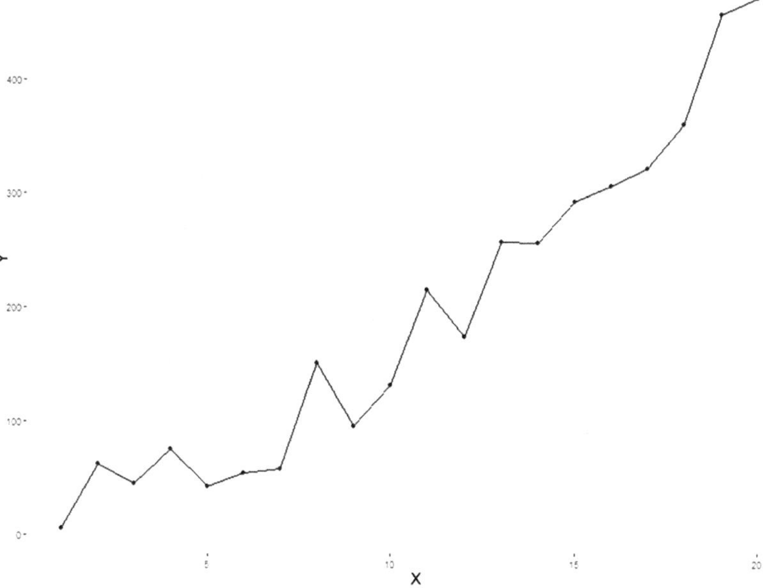

Y
X
400
300
200
100
0
5
10
15
20

4

Graficando mapas en R

A continuación, se mostrará cómo realizar gráficos de mapas en R. Los archivos están en el siguiente enlace: https://drive.google.com/drive/folders/1NDphXL-DbJAS3aI5VPu_WiQiEVCsCK-NO?usp=sharing

```r
library(rgdal)

mapa<-readOGR("DEPARTAMENTOS.shp")

## OGR data source with driver: ESRI Shapefile
## Source: "C:\Users\LENOVO\Documents\LIBROS
PARA EDITORIAL 2022\LIBRO LENGUAJE R\LibroR_v2\
DEPARTAMENTOS.shp", layer: "DEPARTAMENTOS"
## with 25 features
## It has 4 fields

par(mar=c(2,2,2,2))
plot(mapa, axes=T)
```

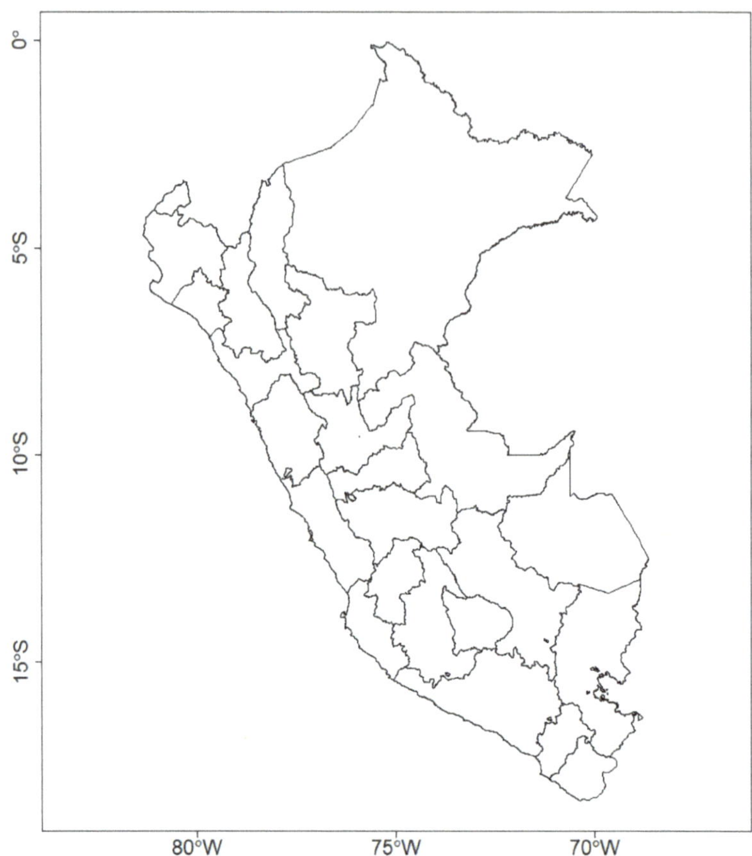

Es posible realizar modificaciones de color, agregar puntos, por ejemplo, referente a los centroides de cada departamento como una forma de referencia.

La función `coordinates()` extrae las coordenadas del mapa y se almacena en el objeto `coord_map`, luego separamos cada eje de coordenadas en `cordx` y `cordy`.

```r
# explorando datos del mapa
coord_map <- coordinates(mapa)
cordx <- coord_map[,1]
cordy <- coord_map[,2]
```

Luego podemos usar la función `par()` para dividir el espacio gráfico en dos segmentos, de esa forma podremos presentar dos mapas con diferentes colores de presentación a fin de apreciar la aplicación de la función `plot()` y `points()` en capítulos anteriores. El argumento `mar=c(2,2,2,2)` dentro de `par()` sirve para disminuir los márgenes del espacio gráfico y así poder aprovechar todo el espacio para graficar los mapas.

```r
# cambiando apariencia
par(mfrow=c(1,2), mar=c(2,2,2,2))
plot(mapa, col="gray80", border="white", axes=T)
#  export 890x460
points(x = cordx,y = cordy, pch=16, col="blue",
cex=0.5)

plot(mapa, col="lightyellow", border="gray",
axes=T)
#  export 890x460
points(x = cordx,y = cordy, pch=16, col="blue",
cex=0.5)
```

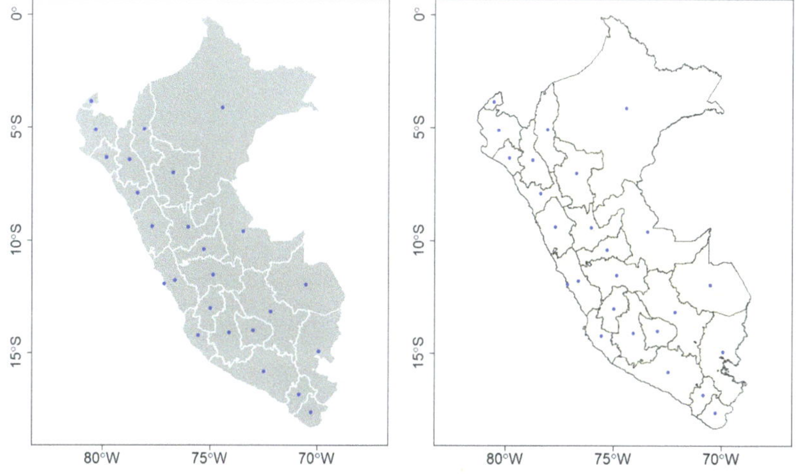

Podemos usar todas las funciones gráficas de bajo nivel para modificar la apariencia del mapa:

```r
# agregando etiquetas
par(mfrow=c(1,1))
plot(mapa, col="gray80", border="white")
points(x = cordx,y = cordy, pch=16, col="blue",
cex=0.5)

AcrDep1
<- c("Amazonas","Ancash","Apurimac","Arequipa",
  "Ayacucho","Cajamarca","Callao","Cusco",
  "Huancavelica","Huanuco","Ica","Junin",
  "La Libertad","Lambayeque","Lima","Loreto",
  "Madre de Dios","Moquegua","Pasco","Piura",
  "Puno","San Martin","Tacna","Tumbes","Ucayali")

text(coord_map,labels = AcrDep1,cex = 0.7)
title("Mapa del Perú",line = 0.8)
mtext("(Departamentos)",side = 3,line = -0.5,
cex = 0.8)
```

Mapa del Perú
(Departamentos)

Finalmente, veremos cómo hacer un mapa de calor, que permite ver según diferentes niveles de intensidad de color la incidencia de los casos de infección por COVID-19 a nivel de departamentos de Perú.

```r
## colores nivel COVID19
library(tidyverse)
library(RColorBrewer)
library(classInt)

dat_covid <- read.table("covid.txt", header = T,
sep = "\t")
mapa_covid <- dat_covid %>%
  left_join(mapa@data, by =
c("DEPARTAMEN"="DEPARTAMEN"))
```

```r
colores <- brewer.pal(7,"PuRd")
class <- classIntervals(var = mapa_
covid$COVID[-15],
                        n = 7,style = "equal")
colcode <- findColours(class,colores)

par(mar=c(2,2,2,2))
plot(mapa, col=colcode, axes=T)   # export
890x460
plot(mapa[15,], col="#91003F", add=T)   #
export 890x460
legend("bottomright", legend =
names(attr(colcode, "table")),
       fill = attr(colcode,"palette"), cex =
1.25)
title(main = "Impacto del covid19 en Perú")
```

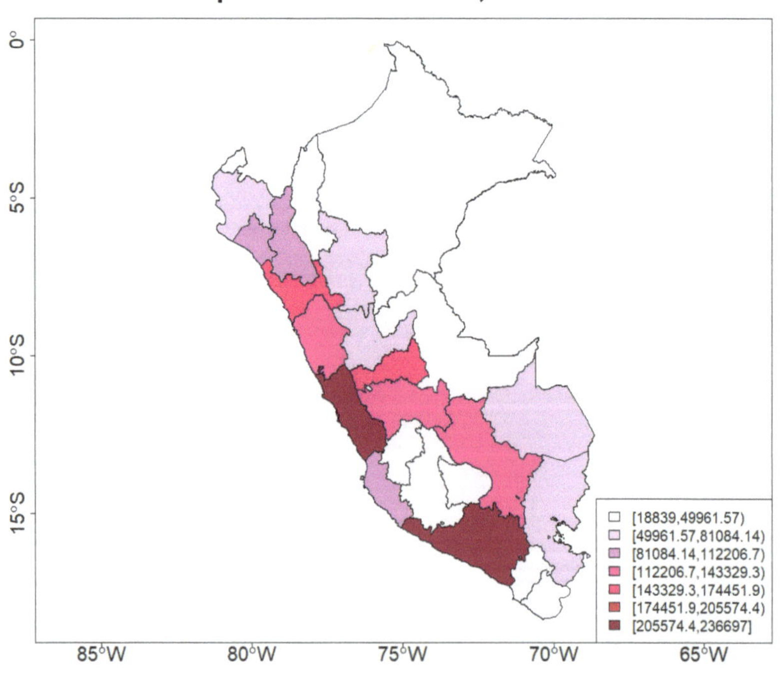

5

Estadísticas descriptivas

En R existen diversas funciones para análisis estadístico descriptivo, dependiendo de si uno desea medidas de tendencia central, medidas de variabilidad, medidas de posición, etc.

Para el siguiente ejemplo seguiremos usando `data(iris)`:

```r
# promedio
prom <- mean(iris$Sepal.Length)
prom

## [1] 5.843333

# desviación estandar
desv <- sd(iris$Sepal.Length)
desv

## [1] 0.8280a661

# coeficiente de variación
CV <- (desv/prom)*100
CV

## [1] 14.17113

# mediana
median(iris$Sepal.Length)

## [1] 5.8
```

```r
# cuartiles
quantile(x = iris$Sepal.
Length,probs=c(0.25,0.50,0.75))
```

```
## 25% 50% 75%
## 5.1 5.8 6.4
```

```r
# deciles
quantile(x = iris$Sepal.
Length,probs=c(0.10,0.20,0.30,0.40))
```

```
##  10%  20%  30%  40%
## 4.80 5.00 5.27 5.60
```

Algunos de estos resultados se pueden obtener con la función summary().

```r
summary(iris$Sepal.Length)
```

```
##    Min. 1st Qu.  Median    Mean 3rd Qu.
Max.
##   4.300   5.100   5.800   5.843   6.400
7.900
```

También se puede aplicar directamente a todo un conjunto de variables:

```
summary(iris[,1:4])
```

```
##   Sepal.Length    Sepal.Width     Petal.
Length    Petal.Width
##  Min.   :4.300   Min.   :2.000   Min.
:1.000   Min.   :0.100
##  1st Qu.:5.100   1st Qu.:2.800   1st
Qu.:1.600   1st Qu.:0.300
##  Median :5.800   Median :3.000   Median
:4.350   Median :1.300
##  Mean   :5.843   Mean   :3.057   Mean
:3.758   Mean   :1.199
##  3rd Qu.:6.400   3rd Qu.:3.300   3rd
Qu.:5.100   3rd Qu.:1.800
##  Max.   :7.900   Max.   :4.400   Max.
:6.900   Max.   :2.500
```

5.1 Funciones apply()

Las funciones `apply()` permite replicar la aplicación de funciones o cálculos estadísticos según las condiciones o características del `dataframe` que estamos analizando. Por ejemplo, puede ser de interés el cálculo de estadísticas descriptivas en una variable del `dataframe`, pero condicionado a las categorías de otra variable (cualitativa).

Las funciones `apply()`, tienen las siguientes variantes: `apply()`, `lapply()`, `sapply()` y `tapply()`.

La función `apply()` contiene tres argumentos necesarios:

- X: matriz de datos.
- MARGIN: 1 opera sobre filas, 2 opera sobre columnas.
- FUN: función que se aplica según MARGIN.

Aplicaremos el ejemplo a `data(iris)`:

```
apply(X = iris[1:4],MARGIN = 2,FUN = mean)

## Sepal.Length  Sepal.Width Petal.Length
Petal.Width
##      5.843333     3.057333     3.758000
1.199333
```

La función `lapply()` contiene tres argumentos necesarios:

- X: matriz de datos
- MARGIN: 1 opera sobre filas, 2 opera sobre columnas
- FUN: función que se aplica según MARGIN

La función lapply() hace el cálculo similar a la función `apply()` pero los resultados que devuelve son en formato lista:

```r
lapply(X = iris[1:4], FUN = mean)
```

```
## $Sepal.Length
## [1] 5.843333
## 
## $Sepal.Width
## [1] 3.057333
## 
## $Petal.Length
## [1] 3.758
## 
## $Petal.Width
## [1] 1.199333
```

La función `sapply()` hace el cálculo similar a la función `apply()` pero los resultados son mostrados en formato vector:

```r
sapply(X = iris[1:4], FUN = mean)
```

```
## Sepal.Length  Sepal.Width Petal.Length
Petal.Width
##    5.843333    3.057333    3.758000    1.199333
```

La función tapply() hace el cálculo similar a la función apply() pero realiza los cálculo reagrupando los datos según las categorías de otra variable cualitativa (variable INDEX):

```r
tapply(X = iris$Sepal.Length, INDEX = 
iris$Species, FUN = mean)
```

```
##   setosa   versicolor   virginica
##   5.006      5.936          6.588
```

Lecturas recomendadas

Diseño estructural de un edificio antisísmico con software
(Manuel I. Laurencio Rao)

Guía rápida del marco SCRUM: de lo teórico a lo práctico
(Ing. Eduardo Florian Arteaga)

Cálculo Vectorial con Wolfram
(Varios autores)